AF227048

LA FRANCE

ET

LA SUÈDE

UPSAL 1908
IMPRIMERIE ALMQVIST & WIKSELL

LA FRANCE

ET

LA SUÈDE

UPSAL 1908
IMPRIMERIE ALMQVIST & WIKSELL

ARMAND FALLIÈRES
PRÉSIDENT DE LA RÉPUBLIQUE FRANÇAISE

GUSTAF V

ROI DE SUÈDE

Lorsque à travers l'archipel de Stockholm aux innombrables îlôts couverts de pins, de trembles et de bouleaux se mirant dans l'eau limpide, Monsieur Fallières, à bord du «Cassini», se rendait naguère à la capitale de la Suède, où la population tout entière l'acclama avec un enthousiasme et une chaleur extraordinaires et qui tirent leur origine des anciennes et profondes relations entre la France et la Suède, relations qui sont à la fois d'ordre dynastique, intellectuel et commercial — la presse suédoise, se faisant l'interprète de l'opinion publique, s'est empressée d'exprimer les sentiments qui animaient tous les cœurs suédois.

Aujourd'hui que Sa Majesté le Roi Gustaf visite à son tour la France, il nous a paru à propos de réunir les articles parus dans la presse Stockholmoise l'été dernier, afin de rappeler la sympathie qui rapproche les deux peuples. Puisse-t-elle continuer à s'accroître encore! Les relations personnelles et civilisatrices franchissent les terres et les mers en dépit du temps et de l'espace, tandis que les relations commerciales résultent d'une foule de facteurs économiques qu'il s'agit de calculer et de diriger dans la bonne voie.

En 1906 (dernière année pour laquelle on ait publié des chiffres officiels) la Suède importa de France de marchandises pour une valeur de 28 millions de francs environ, tandis que son exportation en France s'élevait à une cinquantaine de millions de francs, accusant sur l'exercice précédent un accroissement respectif d'à peu près 6 et 8 millions. Dans le commerce général de la France, ces chiffres, il est vrai, ne jouent aucun rôle prédominant, mais, d'autre part, si l'on tient compte de l'importance de la Suède et du total de ses transactions, ces chiffres, loin d'être régligeables, montrent que la France est un des pays avec lesquels la Suède traite le plus d'affaires. Espérons que les relations commerciales entre les deux pays, relations fondées à la fois sur leurs sympathies spontanées et leurs intérêts matériels, continueront toujours à se développer. Il est certain que les visites échangées cette année entre les deux chefs d'Etat ont excité l'intérêt le plus vif de la part de la

Suède et qu'elles continuent à l'exciter encore.
Les articles parus à ce sujet dans la presse
suédoise et dont nous avons réuni ici les prin-
cipaux, témoignent assez de cet état d'esprit.
Nous avons cru devoir y ajouter un aperçu
sur «Les prix Nobel et les lauréats français».

Gustaf Åsbrink.

STOCKHOLMS DAGBLAD.

La Suède a l'honneur de recevoir aujour-
d'hui la visite du Président de la République
Française, M. Armand Fallières. Nous sommes
heureux et fiers d'accueillir un hôte si estimé et
si respecté, car c'est pour nous le représentant
suprême d'un grand pays que nous avons
appris à aimer depuis des siècles.

Sans vouloir remonter aux expéditions des
Vikings — qui ne témoignèrent que trop de
leur amour pour la Gaule puisqu'ils lui prirent
une province —, ni rappeler notre dette envers
Louis le Débonnaire qui nous envoya Anschaire
avec l'Evangile et ses bienfaits, nous pourrions
dire comment les Suédois, avides de s'instruire,
allaient au moyen âge puiser à Paris, à Rheims
et ailleurs encore les connaissances qu'ils rap-
portaient dans leurs foyers, ou bien comment
Gustave Vasa contracta alliance avec François
Ier, ou bien encore faire ressortir l'habilité et
la perspicacité de Richelieu accordant des sub-
sides à Gustave-Adolphe pour lui permettre
de fouler en vainqueur le sol de l'Allemagne
catholique.

******

Mais il est inutile de faire appel à l'histoire pour expliquer l'inclination souvent irrésistible que les Suédois ont eue pour la France. Notre voix ne se fait plus entendre dans le concert européen que pour des conquêtes toutes pacifiques, mais nos aspirations n'en sont pas moins élevées, au contraire. La Suède se plaît à croire qu'elle fait encore bonne figure — à part son glorieux passé — dans le monde des lettres, des sciences, des arts, du commerce et de l'industrie, ou upor tout ce qui a pour but d'élever l'homme au point de vue social, moral ou religieux. Car dans ce vaste champ de la culture intellectuelle et morale, la Suède tient à honneur d'apporter sa pierre à l'édifice universel et de remplir la mission qui lui revient dans l'ordre historique, et celle-là seule est une petite nation qui ne s'efforce pas d'augmenter l'héritage moral légué par les générations passées pour le plus grand bien de la postérité.

C'est pourquoi nous recherchons chez nous et au dehors — au près et au loin — tout se qui est vrai, tout ce qui est beau, tout ce qui est bien au profit de notre pays. Cela explique pourquoi la France nous est si chère. La France est une Semeuse d'idées fécondes et généreuses — dont elle n'a pas toujours tiré parti pour elle-même, mais qui ont enrichi le monde. Si nous ne nous retrouvons plus sur les champs de bataille, nos gloires peuvent encore se mêler comme jadis, et elles sont d'autant plus solides qu'elles ont en vue les intérêts suprêmes de la civilisation mondiale.

Aussi nous plaisons-nous à lire les chefs-d'œuvre de la littérature française, ses grands penseurs nous fortifient dans le rude combat de la vie, son théâtre nous délasse et nous instruit; notre cœur s'émeut à la lecture de sa glorieuse histoire qui nous montre comme elle a souffert pour conquérir de haute lutte et une à une toutes ses libertés, et comme elle s'est souvent prodiguée avec un rare dés-intéressement pour la défense des grandes causes; les peintres et les statuaires français ont longtemps été les maîtres des nôtres; son industrie et son commerce ont été et sont encore en rapports solides et fréquents avec nous.

Sans doute la Suède est peu connue en France et l'on nous juge peut-être encore par le Charles XII de Voltaire. Mais nous con-naissons d'autant mieux nos amis; leur langue, leurs institutions, leurs usages et coutumes nous sont aussi familiers que ceux de nos voisins plus rapprochés. Nous admirons la vivacité et l'ésprit pétillant des Français du Midi, nous aimons les habitants du centre, si tenaces, si fermement attachés aux antiques traditions et toujours si respectueux du passé, les Français

14

du Nord nous rappellent certaines de nos provinces par leur esprit posé et réfléchi, parfois un peu flegmatique. Chez tous, nous envions cet admirable esprit d'économie qui met la France en mesure d'affronter les crises les plus redoutables et de les traverser victorieusement.

Et par-dessus tout, ce que nous admirons chez tous les Français sans distinction de partis ou de croyances, c'est leur ardent et irréductible patriotisme; si divisés qu'ils soient entre eux, quand il s'agit de la patrie, ils ne sont qu'un cœur et qu'une âme, et pour elle ils font tous les sacrifices sans murmurer; aussi voit-on toujours, même aux heures les plus sombres de son histoire, alors que tout semble à jamais perdu, la nation se ressaisir et se relever plus forte et plus grande et plus digne d'être estimée et aimée, grâce à ce profond amour du pays natal qui anime toute la nation: l'édifice social a souvent subi de formidables secousses et bien des fois il a failli s'écrouler, mais comme le fier vaisseau dans les armes de Paris, *fluctuat nec mergitur.*

Le Suédois n'est pas de nature démonstrative comme dans les pays méridionaux où l'enthousiasme nous semble même parfois un peu exubérant; son attitude est plus réservée en présence des étrangers, mais il ne faut pas s'y tromper: sous ces apparences qu'un observateur superficiel peut prendre pour de la froideur, se cache la profonde sympathie d'un cœur chaud, aimant, confiant. Si sur son parcours, l'hôte respecté de la Suède n'est pas acclamé comme en France, cela ne tient qu'à nos habitudes plus que séculaires; le peuple Suédois n'en éprouve pas moins d'admiration et d'attachement pour la vaillante nation dont elle voit passer le magistrat suprême ... L'accueil, pour être moins bruyant, est plein de respect et de cordialité.

Nous dirons plus, nous croyons qu'à l'empressement respectueux de notre population pour le Président de la République, une bonne part de l'admiration et de l'affection s'adresse à l'homme même, au fils de ses œuvres, à l'homme intègre qui, par son travail et ses talents a su frayer sa voie et gagner la confiance de ses contemporains au point d'être appelé à la plus haute magistrature de son pays. C'est un noble exemple pour nos jeunes générations et un précieux réconfort pour ceux qui sont plus avancés dans la carrière. Et nous aimons à espérer que la France, qui voit naître et grandir des caractères si élevés, si éclairés, si pondérés, si nobles et généreux, si épris de justice et de vérité et si embrasés d'amour pour leur patrie, en verra croître le nombre pour travailler de plus en plus sans entrave et dans la paix à sa prospérité matérielle, intellectuelle et morale.

16

C'est dans l'assurance que les liens qui
nous rattachent de temps immémorial à la
France se resserreront encore davantage par
cette visite, que nous souhaitons cordialement
et respectueusement la bienvenue au Président
de la République Française et à tous ceux qui
l'accompagnent en Suède. Vive M. Fallières!
Vive la France!

SVENSKA DAGBLADET.

«Depuis l'antiquité, aux jours où la littérature grecque et plus tard la littérature romaine étaient bien vraiment universelles, il n'a jamais existé qu'un seul pays dont la culture ait pu être appelée universelle — ce pays c'est la France.

A deux époques différentes la langue et la littérature françaises ont complètement dominé l'Europe; ce fut d'abord durant l'époque gothique, lorsque le courant intellectuel de l'univers entier prenait source sur le sol français et plus tard au siècle de lumière quand Frédéric le Grand, Catherine et Gustave III se servaient de la langue et des idées de Voltaire.»

Ainsi s'exprimait dans ce journal même, il y a quelques années, le meilleur juge qu'ait eu la Suède, non seulement de la culture de son propre pays mais également de la culture française. Et, bien qu'en écrivant ces mots, il ne songeât pas à l'histoire de la civilisation suédoise, ils s'y appliquent cependant.

Lorsque, durant le moyen âge, notre pays devint pour la première fois membre du système des nations européennes, lorsque le peuple suédois commença à se joindre à la civilisation, l'Université de Paris était le centre de cette civilisation intellectuelle, son gardien et son missionnaire.

Quatre fois durant le moyen âge le siège de recteur de l'Université de Paris, ce poste glorieux qui n'a plus d'équivalent de notre temps, quatre fois ce poste fut occupé par un Suédois; aucun fait ne peut témoigner plus clairement de la part que la Suède prenait aux idées et au mouvement du temps, de la capacité des hommes qui la représentaient dans cette première université de la chrétienté.

L'Église, le grand pionnier de la civilisation du moyen âge, avait aussi mis tous ses soins à nouer des relations entre notre lointain pays du nord et l'Université. Déjà en 1270 le «dixième des pauvres» d'un certain nombre de paroisses de Roslagen était appliqué par l'église capitulaire d'Upsal au soutien des étudiants pauvres envoyés par le chapitre; deux autres diocèses possèdaient à Paris des maisons où pouvaient loger ceux qui allaient au loin cueillir les fruits de la science.

Bien peu d'entre nous se font à l'heure présente une idée juste de ce qui, dans l'unité de notre civilisation actuelle, est dû à l'influence essentiellement civilisatrice de l'Église du moyen âge et de la France. Supprimez cette unité, les civilisations nationales s'ignorent entre elles, le mouvement commun fait défaut, le lien est rompu; ce lien qui rapproche chaque jour plus étroitement des peuples autrefois unis par les mêmes croyances religieuses. Il nous est bien difficile de juger de ce qui revient à la France dans le travail du moyen âge, surtout dans sa qualité première, l'universalité. Nous en trouverons pourtant une explication dans les époques plus proches de nous, lorsque la culture française est redevenue prédominante.

Quand nous considérons combien profondément cette culture avait pénetré l'Europe entière au temps où «le Grand Frédéric, Catherine et Gustave III se servaient de la langue et des idées de Voltaire», quand nous considérons également à quel point toute idée, française ou non, si elle était enveloppée de la voix timbrée et de la clarté de la pensée française, rayonnait de Naples jusqu'au fond de nos sombres forêts, ne retrouvons-nous pas ce même don précieux qui vivifiait le foyer de science de l'Université du moyen âge. N'y avait-il pas déjà quelque chose de l'esprit français dans la manière dont la scolastique parcourait alors l'Europe revêtue d'un costume français et de cet esprit, quand, bien des siècles plus tard, Voltaire créa une ère nouvelle dans l'histoire moderne de l'Europe en donnant à quelques idées fondamentales anglaises la clarté et l'universalité de la pensée française.

Il est inutile de rappeler ici tout ce que notre culture suédoise de la fin du XVIIIe siècle doit à la France ; dans la littérature, dans les arts nous retrouverons les témoins de cette influence.

La France n'est pas seulement le pays de la civilisation, c'est avant tout le pays du travail.

C'est la France travailleuse qui a créé la richesse nationale et la culture économique et qui a vu passer, sans en être ébranlée, les vagues de la grande révolution. C'est la France travailleuse qui a soutenu la patrie dans ses plus terribles épreuves. C'est la France travailleuse qui mérite, autant que la pensée et l'art français, l'admiration de l'Europe entière.

Quand Rabelais parle du voyage de Gargantua allant à l'université de Paris, il raconte comment celui-ci et ses compagnons «s'enquêtaient partout où ils s'arretaient quels gens savants y avaient et quel vin on y buvait». Ces mots représentent bien la France qui attire encore aujourd'hui la pensée et l'esprit comme elle le faisait au temps où les jeunes étudiants suédois étaient envoyés à l'Université des rives de la Seine.

De tout cela, la Suède a conservé de nombreuses et durables impressions; dans sa bienvenue au représentant de la France elle met toute la cordialité qui résulte de siècles de bons rapports et de sympathie profonde. La Suède doit avant tout admirer la nation qui unit à un degré si remarquable l'amour et le respect du travail; qui a pu se former ce confort charmant qu'on trouve partout et qui lui a merité le nom de «doux pays de France». Ce pays qui n'est pas uniquement la patrie de ses heureux habitants, mais depuis des siècles la gardienne fidèle des trésors de la civilisation européenne.

AFTONBLADET.

Le Président de la République Française, Monsieur Armand Fallières, se trouve actuellement en visite dans la capitale de la Suède.

Nous lui souhaitons cordialement la bienvenue, et nous le faisons d'autant plus volontiers que cette visite rappelle le souvenir des relations amicales de la France et de la Suède, qui remontent à plusieurs siècles en arrière.

C'est déjà sous le règne de François Ier et du champion de notre liberté, Gustave Vasa, que la France et la Suède s'unirent dans un commun intérêt. Lorsque le grand Gustave-Adolphe se rendit en terre étrangère afin de combattre pour la liberté de la foi et de la conscience, il conclut une alliance avec la France et Richelieu contre le pouvoir impérial allemand, qui troublait la paix du monde, et c'est en majeure partie à l'aide des armes suédoises que la belle Alsace fut réunie au royaume de France. Sous Louis XIV aussi la Suède se trouva fidèlement aux côtés de la France, et c'est la fidélité inébranlable de ce roi à son devoir d'allié qui assura cette fois notre pays contre les pertes dont le menaçait sa lutte pour la cause de la France.

Depuis lors les Français et les Suédois n'ont plus combattu côte à côte, et la Suède, qui a cessé depuis longtemps d'être une grande puissance, vit calme et satisfaite dans le souvenir de son glorieux passé et en espérant un avenir radieux dans le domaine des travaux pacifiques. Nos rapports avec la France doivent être désormais une *alliance toute morale,* comme l'a dit un de nos plus grands orateurs, ardent ami de la France, en saluant les Français qui nous honoraient naguère de leur visite. Mais ces rapports n'en ont pas été moins pénétrés de cordialité de notre part, et notre admiration pour la France, foyer des nobles et généreuses idées, est toujours aussi sincère.

Les pensées suggestives et fécondes de la grande Révolution française sont parvenues de bonne heure dans notre pays, et elles purent s'y enraciner d'autant plus profondément qu'elles trouvèrent un sol bien préparé dans une nation où la liberté date d'un temps immémorial.

La Suède a depuis lors suivi, tantôt avec admiration, tantôt avec sympathie, mais toujours avec le plus vif intérêt, les changements de fortune par lesquels le peuple français a dû passer.

On a appelé les Suédois les Français du Nord. Les Suédois sont fiers, avant tout, d'être Suédois, mais ils se plaisent à reconnaître ce qu'ils doivent à la France et les impressions qu'ils ont reçues de sa civilisation raffinée.

Français et Suédois se rencontrent donc toujours comme amis, même s'ils n'ont plus l'occasion de le faire comme frères d'armes. Mais dans l'arène du travail pacifique et de la culture intellectuelle et morale ils se retrouveront toujours les uns à côté des autres pour travailler de concert. La science suédoise a reçu plus d'une impulsion de la part des sommités de la culture française, et notre littérature elle-même a été fortement influencée par les grands écrivains de la France.

Mais dans ces domaines aussi nous avons tenu à honneur de nous acquitter de notre dette suivant nos moyens, et dans ces dernières années nous avons eu la joie de rendre un hommage bien légitime aux lettres et aux sciences françaises en leur décernant à plusieurs reprises le prix fondé par le Suédois Nobel.

La Suède n'est plus ce qu'elle a été jadis, et après la dissolution de son union avec la Norvège, elle est encore plus seule qu'autrefois. Mais nous possédons dans notre propre sein les possibilités les plus fécondes d'un magnifique développement. Nos minerais et nos forêts sont plus riches que dans la plupart des autres pays, et nos nombreuses autant que puissantes chutes d'eau peuvent à l'aide de l'électricité donner naissance à une industrie si grandiose qu'elle n'aurait pas d'égale dans le monde. Notre sol peut, grâce à une culture rationelle, fournir des moissons beaucoup plus abondantes que jusqu'ici, et la nature en Suède, avec ses charmes sans nombre et presque inconnus des étrangers, invitent les touristes du monde entier à venir souvent chez un peuple heureux de leur offrir l'hospitalité.

C'est dans ces sentiments que nous souhaitons de tout cœur la bienvenue à Monsieur Fallières, ainsi qu'aux Français qui l'accompagnent, à nos éminents collègues de la presse française.

C'est aujourd'hui que nous avons l'honneur et la joie de recevoir à Stockholm le Président de la République Française, M. Armand Fallières. Les acclamations chaleureuses et sincères qui salueront le premier magistrat de la France s'adresseront en même temps à Monsieur Fallières personellement et au grand et noble pays dont il est le plus haut représentant. M. Fallières a derrière lui une carrière de ferme et loyal républicain, consacrée tout entière au devoir; il est l'incarnation de la démocratie française et de tous les principes de liberté, de justice et de progrès qui sont l'idéal de la France. Par ses talents et par la parfaite droiture de son caractère il a gagné l'estime et les sympathies de tous les partis, et ce sont ces qualités qui l'ont élevé d'abord à la haute situation toute de sagesse et d'impartialité de président du Sénat. Monsieur Fallières, ainsi qu'avant lui M. Loubet, a été porté directement de ce dernier poste à celui de Président de la République, et il y a dans cet avancement presque hiérarchique une preuve nouvelle de la stabilité et du fonctionnement régulier et simple des institutions républicaines en France.

C'est la première fois qu'un Président de la République Française a trouvé l'occasion de rendre visite au Roi de Suède et à la Nation Suédoise. C'est avec une profonde et sincère joie que la Suède entière lui offre aujourd'hui la bienvenue. Nous n'avons jamais oublié les liens d'amitié séculaire qui ont uni la France et la Suède. Notre grand Gustave-Adolphe fut l'allié de la France, et un vitrail de l'escalier d'honneur du Ministère des affaires étrangères au quai d'Orsay remémore la rencontre entre les deux premiers hommes d'Etat de cette époque, qui s'appellaient Richelieu et Oxenstierna. Plus tard les relations politiques entre la France et la Suède ont toujours été très suivies; pendant le dix-huitième siècle la Suède fut pour ainsi dire l'avant-poste de la France dans le Nord de l'Europe, et lorsque s'est éteinte l'ancienne dynastie des Wasa, les Suédois trouvèrent tout naturel de choisir comme leur souverain un soldat français, le maréchal Bernadotte.

Aujourd'hui la Suède se tient soigneusement à l'écart des groupements internationaux, soucieuse seulement de garder son attitude de stricte impartialité et de parfaite correction entre les puissances. La visite de Monsieur

Fallières, accompagné par le très distingué ministre des affaires étrangères, M. Pichon, a pour nous cette signification politique qu'elle rappelle la bienveillance desintéressée avec laquelle la France nous encourageait justement dans cette voie de parfait équilibre et d'entière indépendance. Nous venons de recevoir, dans des circonstances récentes la preuve précieuse de l'amitié de la France, et nous lui en gardons un souvenir profondément reconnaissant. La Suède espère que la visite du Président de la République Française contribuera encore à resserrer les liens entre les deux pays tant au point de vue matériel, qu'au point de vue intellectuel. Il est superflu d'insister ici sur tout ce que doit la Suède au génie de la France, à la culture française; il serait presque banal de le répéter, mais cette dette reste gravée dans la conscience du peuple suédois. Ce nom de France éveille dans les cœurs suédois une délicieuse émotion; rien n'a le don de nous faire vibrer autant que ce nom miraculeux, évocation tout ensemble de force, de beauté, de grâce infinie et de la plus douce joie de vivre.

Le Président de la République Française, M. Armand Fallières, sera ce soir l'hôte des souverains et du peuple suédois. L'accueil qui lui est réservé, sera, sûrement, des plus flatteurs et des plus chaleureux. Nous pouvons tirer cette lettre de change sur la cordialité de la population de Stockholm sans crainte qu'elle soit protestée.

Six années se sont écoulées depuis qu'un Président Français a fait un voyage dans les eaux scandinaves, sans, toutefois, débarquer alors sur nos côtes. Depuis ce temps, bien des événements se sont déroulés dans notre pays. Par un coup d'Etat perfide, la Norvège s'est séparée d'avec nous. Loin de nous causer un préjudice sérieux, cet événement a été plutôt une délivrance, et pour la Suède, rendue à elle-même, il en est résulté un réveil d'énergie et d'activité qui n'est plus paralysé par l'obsession de problèmes compliqués et de querelles stériles.

Pendant ce même temps, nous avons eu aussi à déplorer la mort du Roi Oscar II, douleur qui persiste encore dans les cœurs de nombre de ses fidèles sujets. Mais pleine de confiance et d'espoir, la nation s'est groupée autour du nouveau Roi Gustave V, dont la devise Royale «Avec le peuple pour la Patrie», témoigne clairement de ses nobles intentions pour le bien de la patrie, en même temps qu'elle nous révèle la haute idée qu'il se fait de ses devoirs royaux et de sa reponsabilité.

Si nous avons rappelé ici quelques-unes des épreuves qui ont atteint notre peuple ces dernières années, c'est pour mieux souligner la sympathie précieuse que nous a toujours témoignée cette grande nation française, dont nous avons aujourd'hui l'extrême plaisir de recevoir le premier citoyen, le Président Fallières, lequel personnellement a toujours réservé un accueil si gracieux, si hospitalier et cordial aux membres de la famille Royale de Suède.

Le Roi Oscar II, ce petit-fils du maréchal Bernadotte, dont le sang pyrénéen coulait dans ses veines avec une ardeur que ni l'hiver du Nord ni le poids de l'âge n'avaient pu vaincre, aimait à rappeler son origine française. Il adorait Paris et se sentait attiré vers ce coin de terre — Pau, Biarritz — qui fut le berceau de sa famille. Aussi son plus grand plaisir était-il — on le sait — de passer, presque chaque année, quelques semaines en France, soit à Paris, soit même dans les Pyrénées, où il voulut visiter à Pau la maison où naquit son aïeul. M. le Président Fallières lui a plusieurs fois donné une réception chaleureuse, ainsi qu'à notre Roi actuel Gustave V, alors qu'il n'était encore que Prince Royal héritier du trône, et à ses fils, le Prince Royal Gustave-Adolphe, et le Prince Guillaume. Il y a quelques années, ces derniers ont eu le plaisir de prendre part avec le Président, dans la forêt de Rambouillet, à une chasse organisée en leur honneur.

Sans remonter plus haut que ces dernières semaines, nous pouvons rappeler le séjour du Prince et de la jeune Princesse Guillaume à Paris, lors de leur voyage de noces, et de la réception cordiale qui leur a été faite au Palais de l'Elysée.

Se souvenant de toutes ces marques de sympathie et d'autres encore, la ville de Stockholm, la gracieuse reine du Mælar, s'est parée en ces jours d'été de ses plus beaux atours, et tout le peuple suédois veut faire aujourd'hui au Président de la République Française l'accueil le plus enthousiaste et le plus chaleureux. En faisant cela, nous voulons non seulement exprimer notre estime pour la personne du Président, mais une fois encore confirmer la sincérité des sentiments d'amitié qui animent le peuple suédois vis-à-vis de la noble nation française.

Nous osons croire que ce n'est pas seulement nous autres Suédois qui pourrions trouver de l'avantage à ce que les intérêts communs existants et les rapports commerciaux entre notre pays et la France soient développés et raffermis.

Notre pays qui n'est pas seulement «le pays des ours blancs», des aurores boréales et du pâle soleil de minuit, mais encore et surtout le pays de l'avenir, de l'énergie inexploitée, des monts, des forêts immenses et des champs féconds — notre pays, avec ses ressources abondantes et multiples, sinon illimitées, a le plus grand besoin d'expansion économique et commerciale.

Nous espérons sincèrement que le Président durant son trop court séjour au milieu de nous, verra suffisamment de la ville de Stockholm pour se convaincre que ses habitants désirent profondément cimenter et développer leurs relations amicales avec la nation française et lui exprimer tant officiellement, que personellement, la haute considération qu'ils éprouvent pour lui, le premier des citoyens de France, dont la carrière publique, remplie de longs efforts et d'éminents services, a été suivie avec intérêt et avec admiration même en dehors des frontières de France.

En souhaitant à M. le Président de la République Française une cordiale bienvenue sur

nos rivages, nous ne faisons qu'exprimer les
sentiments des habitants de la ville de Stockholm et de la nation suédoise tout entière, et
nous le prions de vouloir bien croire à la
sincérité des sentiments d'affection cordiale, de
confiance et de vive sympathie dont est animé
le peuple suédois à l'égard de la nation française, et dont les vivats enthousiastes qui
retentiront aujourd'hui sur son passage, ne
seront que l'écho, l'expression spontanée.

LES PRIX NOBEL.

Lauréats français.

L'ingénieur suédois Dr Alfred Nobel, qui a rendu de signalés services à l'industrie du monde entier par ses puissants explosifs, a laissé une fortune de près de cinquante millions de francs. Par son testament (27 nov. 1895) il a disposé de cette somme en faveur de cinq prix d'environ deux cent mille chacun à décerner annuellement, sans distinction de langue et de nationalité, à quiconque aura fait la découverte ou l'invention la plus imposante en physique, en chimie, ou en médecine ou produit l'œuvre littéraire la plus remarquable dans n'importe quelle langue ou enfin contribué le plus à ce que les peuples se considèrent comme frères et se traitent comme tels, à l'abolition successive des armées et à l'encouragement des Congrès de la paix. Notre célèbre compatriote confia l'attribution de ces prix à l'Académie des Sciences de Suède pour la physique, à l'Institut Carolin de Stockholm pour la médecine ou la physiologie, à l'Académie suédoise pour la littérature, et enfin au Storting norvégien pour le prix de paix.

Les exécuteurs testamentaires, l'ingénieur Ragnar Sohlman et le directeur Liljeqvist, secondés entre autres par Waldeck-Rousseau, triomphèrent de toutes les difficultés et le 20 juin 1900 le gouvernement suédois sanctionna les statuts de la Fondation Nobel. Alors un conseil d'administration désigné statutairement prit en main la question des fonds et veilla à l'exécution de la volonté du généreux testateur; sous les auspices du gouvernement. Le Roi nomme le président du Conseil d'administration et celui de la commission de contrôle.

Un large internationalisme constitue la base de l'attribution des prix; des représentants éminents de chacune des sphères désignées par le testateur ont été mis à même dans différents pays de proposer des lauréats. C'est exclusivement sur ces propositions que les diverses commissions discutent les titres et attribuent les prix; ceux-ci ne sont décernés qu'aux œuvres les plus récentes ou à celles dont la valeur n'a été reconnue que dans les derniers temps. La nécessité d'examiner avec le plus grand soin les candidatures a amené la création des «Instituts Nobel», qui sont appelés dans l'avenir à encourager sur une base internationale les travaux que Nobel avait en vue.

Les prix sont décernés le 10 décembre,

jour anniversaire de la mort du donateur, et ils le furent pour la première fois en 1901; Sully Prudhomme obtint alors le prix de littérature. En 1903, le prix de physique fut partagé ex aequo par M. Henri Becquerel et M. et Mme Curie; Mistral remporte en 1904 le prix de littérature qu'il partagea avec J. Echegaray; en 1906, le prix de chimie a été décerné à M. Moissan, et celui de médecine à M. Laveran, en 1907.

Les Suédois sont fiers à juste titre de ce que c'est aux pays scandinaves et particulièrement à des institutions suédoises que Nobel a confié le soin de son œuvre. Ils ne failliront pas dans cette mission aussi lourde que glorieuse.

*

Plusieurs fois le prix de paix a été attribué à des français distingués.